ARARAS VERMELHAS

CIDA PEDROSA

Araras vermelhas

Copyright © 2022 by Cida Pedrosa

Grafia atualizada segundo o Acordo Ortográfico da Língua Portuguesa de 1990, que entrou em vigor no Brasil em 2009.

Capa
Celso Longo

Foto de capa
Caixa de Morar Brasília, de Rubens Gerchman, 1966, acrílica sobre relevo em madeira, 70 × 70 cm. Imagem licenciada pelo Instituto Rubens Gerchman. Reprodução de Daniel Mansur

Projeto gráfico
Sennor Ramos

Revisão
Huendel Viana
Camila Saraiva

Dados Internacionais de Catalogação na Publicação (CIP)
(Câmara Brasileira do Livro, SP, Brasil)

Pedrosa, Cida
    Araras vermelhas / Cida Pedrosa. — 1ª ed. —
São Paulo : Companhia das Letras, 2022.

    ISBN 978-65-5921-183-8

    1. Poesia brasileira I. Título.

22-108592   CDD-B869.1

Índice para catálogo sistemático:
1. Poesia : Literatura brasileira   B869.1

Cibele Maria Dias – Bibliotecária – CRB-8/9427

[2022]
Todos os direitos desta edição reservados à
EDITORA SCHWARCZ S.A.
Rua Bandeira Paulista, 702, cj. 32
04532-002 — São Paulo — SP
Telefone: (11) 3707-3500
www.companhiadasletras.com.br
www.blogdacompanhia.com.br
facebook.com/companhiadasletras
instagram.com/companhiadasletras
twitter.com/cialetras

para luci e luciano siqueira
partes deste canto

PRÓLOGO

O poema acampado no palácio
Diz que o povo tá em busca de alforria
Leva a lança, o broquel e a cantoria
Traz no corpo os escritos de Horácio
É um sopro de amor da flor do Lácio
Aos que gritam num ritmo sincopado
E combatem a fera lado a lado
Confrontando a patente carrancuda
Treme o sol, treme a terra, o tempo muda,
Eu cantando o martelo agalopado.

Venho lá das veredas do sertão
Onde firmam as asas como guia
E no qual a esperança sucumbia
Toda vez que o torpor cravava o chão
E as sementes perdiam-se ao clarão
Do Astro Rei, que havia decepado
Todo sopro de vida, transplantado
Para o nada da fome, tão desnuda!
Treme o sol, treme a terra, o tempo muda,
Eu cantando o martelo agalopado.

PRIMEIRO CANTO

em 18 de outubro de 1970 o LP *pearl* de janis joplin teve sua edição finalizada após sua morte em 04 de outubro dia de são francisco de assis
eu completei sete anos e no dia seguinte cantei o hino nacional em formação e jurei a bandeira na entrada do grupo escolar arthur barros cavalcante
a nação ainda uivava nas ruas reverenciando a seleção que ganhara seu tricampeonato mundial
no planalto central emílio garrastazu médici o terceiro na linhagem de ditadores do golpe de 1964 empreende sua campanha de alta repressão aos militantes de esquerda
em port arthur os pais de janis não puderam segurar o corpo da filha em estado de despedida pois suas cinzas foram jogadas ao vento da cidade de são francisco por seu desejo e vontade
vinte dias depois no chile salvador allende ocupa pelo voto popular o palácio de la moneda levando nas asas a dor da américa
no recife uma mãe busca enlouquecidamente seu filho desaparecido após prisão pelo DOI-CODI outra mãe segurando uma pequena sacola de pão espera na fila interminável do dia de visita um filho chora sozinho e se encolhe no catre após sevícias que o levarão à loucura
joão ricardo cria em são paulo a banda secos e molhados e no reino unido o black sabbath lança seu primeiro LP

lennon anuncia ao mundo que o sonho acabou

a amazônia é o paraíso perdido parida em porções generosas de possibilidades a terra prometida encontrada em meio ao tudo e ao nada girandola de cores cheiros e chiados espaço válvula para as brânquias do planeta lugar mãe do povo original ventre vultoso de ancestralidades aviltadas ancestralidades divididas ancestralidades dizimadas ancestralidades que teimam em contar das asas dos pássaros do charco na pedra da terra do pântano da paisagem-homem e do homem-paisagem do ser silêncio e da natureza fala

a amazônia é a cobiça dos vis varões do valor

a amazônia barriga placentária do mundo cortada por veias e vasos
    varises
        varises
            varises
                varises

veias vasos e valas
    veias vasos e velas
        veias vasos valas velas e vultos

a primeira vez que eu vi a amazônia foi num álbum
de figurinhas presente da minha irmã flor que já o en-
viou com todas as figurinhas completas apenas para
eu colar

o álbum vinha do recife onde ela estudava vinha de
longe tão longe quanto de longe eram os animais co-
lados um a um naquelas páginas

mamãe viu a foto do papagaio e se admirou ela sem-
pre quis ter um papagaio-verdadeiro

naquele mês de outubro quando eu fiz cinco anos o
mundo me pareceu grande e mais feliz do que as seis
cores da minha caixinha de lápis de cor

eu também ouvi histórias de pais que partiram para
trabalhar na estrada belém-brasília e nunca mais vol-
taram de irmãos que partiram para abrir picadas na
transamazônica e nunca mais se soube dos seus para-
deiros corria a notícia de que tinham sido pegos pela
onça-pintada de dentes de marfim igual aos do ele-
fante da áfrica outros diziam que caíram na boca de
uma sucuri enorme onde ficaram seis meses barriga
adentro

barriga adentro   barriga adentro
                 barriga adentro

um dia eu ouvi no rádio que o governo estava dando terra para quem fosse ocupar o norte do país e eu perguntei a papai onde ficava o norte e ele disse — *Na amazônia, minha filha, na amazônia.*

naquela noite eu dormi com medo de perder algum irmão para a sucuri

o rio araguaia margeia os estados de goiás mato grosso tocantins e pará é uma das doze regiões hidrográficas do território brasileiro sua maior nascente localiza-se na serra do caiapó próximo ao parque nacional das emas é considerado um dos rios mais piscosos do mundo

"Araracanga" e "aracanga" vêm do termo tupi arara'kãga. "Arara" vem do tupi a'rara. "Ararapiranga" vem do termo tupi para "arara vermelha". Araguai.

a r a g u a y a

araguaia

    rio araguaia
      rio
         araguaia rio
            rio
              araguaia
                  rio
              araguaia
            rio
        araguaia rio
      rio
      rio araguaia
            rio
        araguaia
        rio
        rio
        rio
        rio rio rio rio
              rio araguaia
        rio araguaia
      rio
      rio
      rio
        rio araguaia
      rio araguaia

rio das araras vermelhas

o rio araguaia corta a floresta como quem percorre
veias como quem percorre vasos como quem vagueia
como quem vai e vem vem e vai como quem volteia
varando a vida vastamente

o rio araguaia antes antes antes antes antes
antes da barragem de tucuruí

Tu Cu Ru í   t
u   u
c   c
u   u
r   r
u   u
í   tu cu ru í

tucuruí em tupi significa gafanhotos verdes
gafanhotos verdes a destruir lavouras a lavarem
margens a levarem o verde e a vida vivente nas águas

o rio araguaia antes
            antes
            antes
antes das águas se apartarem de si antes das águas
se tornarem energia represada antes das águas
cumprirem sua sina de nascer e morrer
em outras águas

os municípios de xambioá araguatins são joão do
araguaia marabá itupiranga desciam o curso do rio
e iam juntando em suas ruas pessoas costumes desejos

povoados e fazendas marcavam a geografia
e recebiam os que migravam
com sede de fincar morada

      bacabá
        são domingos
   oito barracas
          brejo grande
             jaboti
                abóbora
          remédios
              apinagés
                são raimundo
                    palestina
                        santa cruz
                    são geraldo
                araguanã

os chegantes nominavam
e se apoiavam em outras paragens

caiano
caiano
caiano
    gameleira
    gameleira
    gameleira

        faveiro
          faveiro
            faveiro

naquelas plagas se encontra a serra das andorinhas
um dos ecossistemas mais diversos do brasil
com muitas cavidades geológicas cavernas e grutas
marcadas por rastros de civilizações antigas

a noroeste de xambioá os suruís aldeados aldeados aldeados aldeados aldeados aldeados aldeados aldeados

há centenas de anos o povo originário
        habitava a floresta
    a floresta habitava a floresta

habitava
  habitava
      habitava

a floresta habitava no povo há centenas de anos

deste tempo ancestral vem o povo suruís-aiqueuaras
ou aikeawara da terra indígena sororó situada na
região do araguaia fala uma língua pertencente ao
tronco tupi-guarani e travou seus primeiros contatos
com as autoridades em meados do século vinte através do serviço de proteção ao índio sua população foi
dizimada pelas doenças brancas e conflitos por terra
restando hoje apenas 350 pessoas
                350 pessoas
                    pessoas

as outras pessoas que moravam ali vieram de muito
longe e perderam a noção da volta a noção do tempo
a noção do outro a noção de si

o outro povo que ali morava não era dali era das
terras em diáspora das terras sem vazante ou rio da
terra verão da terra onde o sol aponta o destino
terra que se abre em racha e desenha o barro

o povo que ali morava estava preso em sonhos
partidos na pungente mágoa dos que não têm torrão
dos que se esvaem em amarelo triste
como triste é o dia sem chuva e sal

o outro povo que ali morava veio em busca de pouco
já que o pouco lhe era falta veio em busca de chão
parcela mínima do olhar sem véu parcela parca
para o tempo-vida parcela parca para o tempo ido

veio em busca da mesa posta na aurora da mesa posta
ao sol a pino da mesa posta ao luar veio em busca da
mesa molhada de vinho a mesa de deus e seus
apóstolos em última visão mesa santa em suor testada
em suor único em suor justificado

as outras pessoas que moravam ali vieram em busca
de pedras pedras paridas da água pedras paridas da
terra pedras pedras pedras possibilidade para o
perdão possível esteio para o porvir

o outro povo que ali morava só conhecia o
pedregulho de onde os cactos brotavam e de onde a
flor teimava em brilhar de onde o brilho vagalumeava

pedras azuis verdes rosas amarelas marrons e negras
vistas em sonhos e nem sequer olhadas em revistas
pois colorido só o sol na barra da tarde

o povo sabia do brilho do metal de onde brotam
crucifixos e altar de igreja metal em pescoços jamais
tocados em dedos que devem carícias
   dedos que devem carícias
   dedos que devem carícias
    devem
      devem
        devem
     carícias

pescoços jamais tocados pescoços jamais tocados

o outro povo que morava ali trocou a prisão
do sol-verão pela prisão úmida do verde-vão

as pessoas que moravam ali vieram em busca da pele
da pele já sem urros da pele pelada polida penteada
e entregue para a mercancia

o povo que morava ali comia a caça e punha a pele
nos ombros para trocas vendas e compra de víveres

as araras vermelhas chegaram ali para ser parte
misturar-se ao outro cultivar o campo caçar a comida
por peixes à mesa colher castanhas florir auroras

eram poucos mas se sentiam grávidos de tudo
e capazes de fertilizar o chão e de plantar partituras
palavras poemas muitos ainda imberbes e mal saídos
dos bancos escolares outros já postos à prova
já postos à dor já postos ao cárcere

entre eles uma verdade única

                    a busca por um tempo novo
a busca por um templo em que a pluma pudesse ter
espaço igual ao espaço da pedra em que o arco-íris
     fosse apenas o afã das cores e a botija de ouro
        fosse a sobremesa da mesa posta para todos

seus bicos nos dizem que a vida tem mais curvas que
retas mais surpresas que verdades mais guinchado
                                   que canto

    as araras chegaram ali as araras chegaram ali

chegaram   chegaram
               chegaram

        sem vontade de partir

araras vermelhas araras vermelhas araras vermelhas
araras vermelhas araras vermelhas araras
vermelhas araras vermelhas araras
vermelhas araras vermelhas
araras vermelhas
araras
araras
araras vermelhas
vermelhas araras vermelhas
vermelhas araras vermelhas araras
araras vermelhas araras vermelhas araras
araras vermelhas araras vermelhas araras vermelhas

o comandante negro cintila nas frestas de um sol desenhado na pequena clareira seu semblante é firme como firme é sua mão que empunha o velho fuzil sabe-se ser todo o mundo naquele instante

a mata partícula pedaço parte para o povo que pranteia a mata portal para a liberdade

o povo pisa triste no solo do mundo o mundo são dois dois polos dois prumos a dividir ideias dual caminho para o que pensa e pontua a pedra e pontua a trilha dual caminho a dividir auroras dual caminho a tecer futuros

dual caminho dual caminho dual caminho dual caminho dual caminho dual caminho dual caminho

o comandante negro se punha em foice e sentia o punho o comandante negro sentia a forja e martelava o dia o comandante negro comandava em asas para o sol nascente

ele sabia o lado do caminho áspero do caminho pedra do caminho margem e se postava para o tempo-vindo para o tempo-indo para o tempo-aurora

um homem toda pele porto parto poema preto a se
pôr em luta a se pôr em pátria a se pôr ao chão um
homem que sorria largo gargalhava ao vento abraçava
as aves

e

e

e

voava vazante adentro vazante afora vazante adentro
vazante afora

voava
voava
voava

voava o comandante lastro o comandante lenda

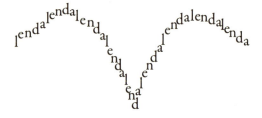

os caboclos diziam que era capaz de sumir ao vento
desaparecer no verde transformar-se em pedra ou ani-
mal silvestre

animal silvestre
animal silvestre
animal silvestre

homenzarrãohomenzarrãohomenzarrãohomem

tão grande quanto o seu desejo de tocar as nuvens de
bulir na brisa de dividir o chão

poderia apenas ser um homem pacato pronto para
formar família
para formar família mediana família meeira família
milimetricamente formada para ser feliz
família de classe média de média classe
média classe
média classe

não era lugar de negro não era lugar de negro não
era lugar de
de
de negro
diziam diziam diziam e apontavam e apontavam
não há lugar para negro
diziam diziam diziam e exclamavam
não há lugar para pobre

não há vaga não há vaga não há vaga não há vaga no
vagão da vida para os vindos em pele e osso

ele nunca acreditou

nos que diziam
nos que apontavam
nos que exclamavam

nunca acreditou na falta de vagas e viandou e varou e
volteou até vislumbrar outras verdades que pudessem
verdejar a vida

formar família formar família formar família

isso era pouco isso era pouco isso era pouco isso era
pouco isso era pouco mas isso era pouco muito pouco
muito pouco muito pouco
                    pouco
                    pouco
para quem sonhava o outro

osvaldo orlando da costa um homem com um metro
e noventa e oito de altura respeitado e admirado por
sua delicadeza perspicácia agilidade força e convicção
veio da tchecoslováquia onde estudou engenharia
de mineração com a missão de se juntar com outros
companheiros na região nos quais estavam situados
os povoamentos de marabá, xambioá e são geraldo do
araguaia para fomentarem uma revolução socialista e
a resistência armada contra a ditadura militar

da europa para a amazônia num pulo só foi um dos
primeiros a chegar ainda em 1968 e namorou maria
viana também conhecida como maria castanheira
com quem teve um filho e se tornou mais do que nin-
guém parte do lugar

o menino era filho do afeto e da brisa que mistura
odores em madrugadas ternas o menino era apenas
um menino um menino um menino

o filho de maria foi sequestrado pelos militares aos
quatro anos de idade sua mãe enfartou uma semana
depois da perda e subiu aos céus da floresta sem saber
do seu paradeiro

onde andará o pequenino

        desaparecido
        desaparecido
        desaparecido

como as cinzas de joplin ao vento
como as cinzas de joplin ao vento
como as cinzas de joplin ao vento

como cinzas a voar ao vento na cidade de são francisco

SEGUNDO CANTO

no dia 16 de janeiro de 1971 o embaixador da suíça no brasil giovanni enrico bucher é libertado pelo grupo guerrilheiro de esquerda vanguarda popular revolucionária VPR depois de ser trocado por 70 prisioneiros políticos
em março o poeta e militante do partido comunista brasileiro revolucionário PCBR marcelo mário melo é preso no recife aos 27 anos e fica 8 anos 43 dias e 19 horas na prisão
na praia de ipanema leila diniz usando um pequeno biquíni se deixa fotografar entregando ao sol sua barriga de 6 meses e é duramente reprimida pela sociedade conservadora que a acusa de *exibição vulgar de um estado de graça que é a maternidade*.
no estádio do maracanã pelé joga pela última vez na seleção brasileira que empata em 2 a 2 com a iugoslávia é ovacionado e pauta os noticiários do mundo
em são paulo na região de perus é construído o cemitério dom bosco para receber cadáveres de pessoas não identificadas conhecidas como indigentes logo depois passou a receber também os corpos das vítimas da repressão política
em setembro em ibipetum cidade do estado da bahia o capitão carlos lamarca líder da VPR é morto após emboscada montada pelas forças de segurança
em outubro eu completei oito anos descobri a biblioteca e comecei a levar para casa os livros da coleção menina-moça

o poeta pablo neruda recebe o prêmio nobel de literatura e é consagrado o maior escritor da américa latina em novembro do mesmo ano os estados unidos lançam o primeiro microprocessador comercialmente disponível o intel 4004 capaz de fazer 1200 cálculos por segundo em dezembro os militantes do PCDOB no araguaia se juntam para uma rara comemoração de ano-novo e entre cantos e récitas avaliam que em mais dois anos poderiam dar início à revolução popular

waly e macalé compõem vapor barato e nós a cantaríamos com gal atravessando gerações

com minhas calças vermelhas
meu casaco de general
cheio de anéis
vou
    descendo
        por todas as ruas
e vou tomar aquele velho navio
eu não preciso de muito dinheiro
graças a Deus
e não me importa
Oh minha honey baby
baby honey baby

ela chegou vinda da terra dos tambores da terra do som e de negritudes outras da terra do bardo de cujos versos voava a liberdade do condor

ela chegou para o combate e sabia mirar
                        mirar
                        mirar
mirar para além do posto para além do visto para além do desenhado

sabia mirar e mirar-se dentro da mira

passou a fazer parte do lugar montando um pequeno comércio era respeitada como parteira ajudando as mulheres nessa hora tão só e tão ancestralmente abandonadas
      tão só
      tão só
      tão só

mulher é mais que mãe é mais que pranto parto pernas
mesa posta ao fim da tarde mulher é mais que espera
batom braços abertos é mais que coração bulindo mulher é essa sanha secreta essa multidão esse andar para
além do dito e do não dito mulher é este sentir sem
ser sabido

    mulher palavra próxima palavra pátria
    palavra permeada por punhos

mulher sabe do amor e das suas incertas possibilidades sabe do amor em outros corpos colocados à prova

ela sabia da mata e das suas armadilhas sabia dos pássaros e seus cantares das folhas e suas serventias das
pedras e suas trilhas do céu sem luares do céu pesado
de chuva

sabia que a vida era vazão em tempestade a vida era
vestir-se de si e transmutar-se no espelho transmutar-
-se do barro transmutar-se no outro
    transmutar-se
    transmutar-se na outra

    o inimigo tremelicava ao saber da comandante-ave
a ave-comandante não errava o alvo diante do ávido
inimigo o inimigo ávido de vingança varava a vastidão
com o mateiro vil

o mateiro por medo dinheiro ou vontade
varava a mata em busca da comandante-fêmea
da comandante-fênix da comandante
              da comandante
              da comandante

da comandante que não errava o tiro
                        o tiro
                        o tiro

de poucas e parcas armas de poucas e sofridas armas
de armas que não tiveram tempo de chegar ao campo
de batalha

de balas
de balas
de balas

de bala que não veio de bala que não pôde encontrar
o corpo do bobo da corte da bala que não pôde brotar
sangue na veia do inimigo vão

corria a lenda que ela era invisível
aparecia e sumia
           sumia e aparecia
                    aparecia e sumia

corria a lenda que a comandante era invisível

invisível
invisível
invisível

      e que se transformava em borboleta

a comandante
lenda
lenda
lenda
a comandante

      b o r b o l e t a

a borboleta abria as asas entre bravos entre bravos
entre bravos de brio entre bravas entre bravas
entre bravas de brio

entre babys entre babys entre

babys
babys
babys

a comandanta lenda limou a sanha do inimigo
e partiu ao fim

a borboleta trafega
no fino fio do espaço
sua dança é um compasso
a desenhar a aurora
ruflam asas vento afora
semeando a fantasia
coqueiro da bahia
quero ver meu bem agora
quer ir mais eu, vamos
quer ir mais eu, vambora
quer ir mais eu, vamos
quer ir mais eu, vambora

as asas da borboleta
são pontes para o desejo
me espanto quando vejo
sua paixão pela flora
a natureza que cora
geme e se extasia
coqueiro da bahia
quero ver meu bem agora
quer ir mais eu, vamos
quer ir mais eu, vambora
quer ir mais eu, vamos
quer ir mais eu, vambora

quando sai do seu casulo
a borboleta avoa
e parte em plena garoa
com pressa de ir embora
monta na brisa e espora
em busca da alforria
coqueiro da bahia
quero ver meu bem agora
quer ir mais eu, vamos
quer ir mais eu, vambora
quer ir mais eu, vamos
quer ir mais eu, vambora

a vida da borboleta
tem curto espaço de tempo
pois é como folha ao vento
que parte sem uma escora
no colo da morte ancora
descortinando a magia
coqueiro da bahia
quero ver meu bem agora
quer ir mais eu, vamos
quer ir mais eu, vambora
quer ir mais eu, vamos
quer ir mais eu, vambora

dinalva conceição oliveira teixeira formou-se em geologia na bahia e casou-se com seu colega de turma antonio carlos monteiro teixeira militante do movimento estudantil baiano foi presa pelas forças de repressão mudou-se para o rio de janeiro onde trabalhou no departamento nacional de produção mineral e energias enquanto fazia trabalho social nas favelas partiu para o araguaia onde recebeu o codinome de dina e foi a única mulher a subcomandar um destacamento

o fim da comandante é tão múltiplo como múltipla é a sua vida lendária

estava com malária e foi morta na emboscada junto com o comando militar da guerrilha estava grávida e foi morta por um bate-pau estava faminta foi pega na mata buscando comida em companhia de cristina foram presas juntas e mortas após torturas foi emboscada lutou matou um inimigo e depois de presa torturada foi executada na mata tendo travado um último diálogo com seu executor

— *vou morrer agora*
— *vai, agora você vai ter que ir*
— *quero morrer de frente*
— *então vira pra cá*

dina virou mais que um corpo ferido à bala dina é a
própria bala a zunir nos nossos ouvidos

a comandante lenda borboleteia batendo as asas para
o brasil em breu

Minha honey baby
Baby, honey baby
Oh, minha honey baby
Baby, honey baby

eu sempre futucava as coisas de mamãe vasculhando o
guarda-roupa ao ser flagrada era colocada em castigo
de dois dias sem brincar de boneca de sabugo e ainda
recebia o sermão — *Não mexa no que é alheio, a curiosidade matou o gato!* descobri naquele tempo que mãe
também tem segredos

lembro bem do dia em que encontrei o pequeno casaco perdido entre um cabide e outro

da cor verde-oliva com botões dourados pequenas
medalhas cravadas ao peito e galões feitos de torçal
amarelo-ouro ao ombro

parecia uma roupa para príncipe pequeno e cheguei
a pensar que tinha um primo rico

não poderia guardar só para mim aquele achado e perguntei às minhas irmãs de quem era aquela roupa e soube depois com detalhes que meu irmão sílvio havia desfilado no sete de setembro representando o presidente da república general castelo branco

havia sido escolhido por sua parecença física com o representado o que explicava a opção por um menino do campo da escola do distrito de sipaúba para ser o personagem principal do desfile daquele ano de 1966

tempos depois o casaco de general e um quepe cheio de medalhas sumiram do guarda-roupa e eu tive a coragem de perguntar a mamãe sobre o fim das vestimentas — *Ele não era um homem bom, minha filha.*

a comandante lenda se pôs em asas e desapareceu

Oh minha honey baby
baby honey baby
Oh, sim
eu estou tão cansado
mas não pra dizer
que estou indo embora
talvez eu volte
um dia eu volto

TERCEIRO CANTO

no período mais truculento da ditadura os militares resolveram comemorar os 150 anos da independência trazendo de portugal os restos mortais de dom pedro primeiro que foi levado às principais capitais brasileiras até ser recebido e enterrado na cidade de são paulo na semana do sete de setembro o sesquicentenário foi comemorado nos confins do país em bodocó o desfile foi realizado com esmero e a lucila desfilou em carro alegórico representando maria leopoldina
eu tinha que marchar de farda no último pelotão do grupo escolar mas fugi antes de terminar o desfile para ver minha melhor amiga de vestido longo dourado e tiara de rainha
mequinho ganha o título de grande mestre internacional de xadrez e é apresentado como herói nacional enquanto emerson fittipaldi foi campeão mundial de fórmula 1 e a escuderia de sua família é transformada em ferramenta ideológica pela ditadura
os militares montam sua primeira operação contra os sessenta e nove militantes do PCdoB no araguaia
zuzu angel continua a busca pelo corpo do stuart angel militante do movimento revolucionário oito de outubro MR8 morto sob tortura em 1971 como estilista cria uma coleção estampada com manchas vermelhas pássaros engaiolados motivos bélicos um anjo ferido e amordaçado em suas estampas tornou-se também o símbolo do filho desaparecido
foi inaugurado o primeiro trecho de 1253 quilômetros

da rodovia transamazônica que se propunha a ligar a praia de cabedelo na paraíba a um dos lugares mais ermos do brasil naquela época
leila diniz morre aos 27 anos em um acidente de avião
um outro avião cai nos andes e os sobreviventes praticam canibalismo para permanecer vivos
ativistas organizam as primeiras marchas do orgulho gay no rastro da revolta de stonewall e gilberto gil lança o álbum expresso 2222 que diz da sua volta ao brasil após o exílio
a revista resistência recebe o poema *Canção das Forças Guerrilheiras do Araguaia* que permanece até hoje sem autoria

Não somos do norte
Nem somos do sul
Nossa geografia
É um sopro de liberdade

O verde invadiu nossos olhos
Verde a floresta
E verde a nossa certeza
Nos novos frutos da terra

Decerto que há fuzis
Muitos mortos, muitos nossos
Há os do ofício do não
Entre o povo e a madrugada

Decerto que há um muro de homens
Verdes (verde-velho, verde-lodo)
Entre nós — entre o povo —
E a madrugada

Mas (antes de tudo)
É preciso que se faça o dia
E se as nossas águas, nosso fogo
Vão dar no dia

Que noite nos deterá?
Decerto não fizesse escuro
Deitaríamos os fuzis no
Leito do Araguaia

E passaríamos a cantar
Uma flor, uma floresta: esta
Mas que flor de mais cantigas
Que a liberdade buscada?

Não somos do norte
Nem somos do sul
Nossa geografia
São as pétalas da madrugada

eles eram estimados pelo povo do lugar a quem davam aula e alfabetizavam prestavam serviços médicos de casa em casa partejavam as mulheres mesmo nos cantos mais longínquos medicavam contra a malária a leishmaniose e faziam os mutirões coletivos de plantio chegaram a montar farmácia comércio e roçados ao mesmo tempo que faziam treinamento militar estocavam alimentos remédios e munição

                                                    fuzis fal
                                                    fuzis fal
                                                    fuzis fal

cinco mil homens cinco mil homens cinco
                                          mil
                                          homens

                                                exterminar
                                                exterminar
                                                exterminar

compra o mateiro compra o mateiro compra

cruzeiros
cruzeiros
cruzeiros   cruzeiros
                  cruzeiros
                  cruzeiros

mil cruzeiros para que as araras vermelhas não mais
contemplem o cruzeiro do sul
mil
mil
mil

o cruzeiro do sul é uma das formações mais conhecidas do céu meridional a esquadra de cabral foi quem primeiro documentou sua existência no brasil está presente no escudo republicano na bandeira e nomeia a comenda mais antiga e importante do país que é dada a estrangeiros

cerca a tribo cerca a tribo cerca a tribo cerca a tribo

pega o camponês pega o camponês pega o camponês

                        olha o pau de arara
                        olha o pau de arara
                        olha o pau de arara

                        o buraco na mata

                        a formiga no mel
                        a formiga no mel
                        a formiga no mel

      olha o telefone olha o telefone olha o telefone

                                o buraco na mata
                                o buraco na mata
                                o buraco na mata

pega o camponês pega o camponês pega o camponês

cerca o índio cerca o índio cerca o índio

olha o bate-pau olha o bate-pau olha o bate-pau

quem são os paulistas quem são os paulistas quem são
os paulistas

                                o buraco da mata
                                o buraco da mata
                                o buraco da mata

          o b u r a c o r e d o n d o
                    dentro
                 da m a t a

mata
   mata
      mata
         mata
            mata
               mata
   o g u e r r i l h e i r o

operação papagaio
operação papagaio
operação papagaio

eles não puderam voltar não puderam voltar
não puderam voltar

cid e dona maria cid e dona maria velho cid velho cid
e dona maria foram um dos primeiros a chegar
a chegar a chegar
a chegar
mas
mas
mas
não puderam voltar

dona maria guiava os que vinham
guiava os que vinham guiava os que vinham

o velho cid estava nas suas terras na sua pátria natal
e sabia que era o lugar ideal para começar a resistên-
cia a rebelião a revolução a guerrilha rumo ao tempo
nascente

dona maria ia e vinha ia e vinha trazendo os outros
trazendo as outras trazendo as araras vermelhas

o velho cid ia e vinha ia e vinha vinha e ia trazendo
recursos para a resistência

trazendo
trazendo
trazendo

a palavra para a resistência

dez mil homens dez mil homens dez mil homens

dona maria e cid chegaram na rodoviária na rodoviária na rodoviária na rodoviária

um olhar
um sinal
um olhar
um sinal
um olhar
um sinal

dez mil homens dez mil homens dez mil homens

operação papagaio
operação papagaio
operação papagaio

elza e joão tiveram que voltar
voltar
   voltar
      voltar

para o emaranhado de gente o emaranhado de gente
o emaranhado de gente

de gente
de gente
de gente

para o emaranhado de prédios de prédios de prédios

de prédios
de prédios
de prédios

para o emaranhado de gente invisível

      visível
      invisível
      visível

gente invisível vigiada pelo olho pelo grande olho

dona maria e o velho cid não tombaram junto aos seus
companheiros

elza monnerat e joão amazonas velhos comunistas
heróis vivos do araguaia

velhos comunistas
velhos comunistas
velhos comunistas

vivos

como vivos ficaram arroyo e zezinho

para contar a história da luta das araras vermelhas

depois de duas defecções e uma fuga de hospital o
exército abocanhou os desertores e começou a mapear
a guerrilha

        corpos torturados
        corpos torturados
        corpos torturados

o primeiro a cair foi jorge a cair a cair a cair jorge jorge
jorge codinome de bergson gurjão farias

jorge
jorge
jorge
um rapaz do ceará

o corpo pendurado numa árvore de cabeça para baixo
e a cabeça chutada por soldados

                                          por soldados
                                          por soldados
                                          por soldados

                                        chutada a cabeça
                                        a cabeça chutada
                                        chutada a cabeça

a cabeça chutada por soldados

o rapaz do ceará foi executado o rapaz do ceará

ceará que segundo o escritor josé de alencar deriva de
siará que significa onde canta a jandaia

o rapaz que veio do lugar de onde cantam as jandaias

maria lúcia petit morta em tocaia com um tiro no peito seguiu bergson e kleber

kleber
kleber
kleber

lemos da silva kleber o economista codinome carlito estava com leishmaniose e foi baleado no ombro

ferido
ferido
ferido

ferido e amarrado no lombo de um burro para ser levado a xambioá mapeou o caminho com seu sangue e por onde passava gritava — *abaixo a ditadura e viva a liberdade*

gritava
gritava
gritava

gritava e sangrava pela estrada a palavra
a palavra
      a palavra
           a palavra
                  a palavra
                        a palavra

      l i b e r d a d e

segundo consta foi executado a golpes de baioneta

baioneta
baioneta
baioneta

a golpes   a golpes   a golpes

golpe
golpe
golpe

maria foi enterrada no cemitério de xambioá enrolada num paraquedas e com um saco na cabeça

um saco na cabeça
um saco na cabeça
um saco na cabeça

na cabeça o saco
na cabeça o saco
na cabeça o saco

uma moça muito querida na região do caiano onde montou roça alfabetizou adultos e lecionou para as crianças maria era a mais nova da família e foi a primeira a chegar três irmãos três irmãos perseguidos perseguidos perseguidos três irmãos monitorados pelos órgãos de repressão

lúcio jaime e maria lúcia petit três irmãos mortos no araguaia

mortos
mortos
mortos

subjuga os índios subjuga os índios subjuga os índios

pega o camponês pega o camponês pega o camponês

prende o barqueiro prende o barqueiro prende o barqueiro

olha o bate-pau olha o bate-pau olha o bate-pau

pega o terrorista pega o terrorista pega o terrorista

o buraco na mata
o buraco na mata
o buraco na mata

o papagaio fala o papagaio fala o papagaio fala a fala

guerrilheiroseramguerrilheiroseramguerrilheiros

                                    capturados
                                    capturados
                                    capturados

                                  para a capital
                                  para a capital
                                  para a capital

                                  olha o presidente
                                  olha o presidente
                                  olha o presidente

                                  olha o ditador
                                  olha o ditador
                                  olha o ditador

                                  para a capital
                                  para a capital
                                  para a capital

guerrilheiros eram guerrilheiros eram guerrilheiros

capturados
capturados
capturados

duas baixas aconteceram em setembro a morte de joão carlos haas sobrinho o doutor juca comandante médico da guerrilha que havia montado um pequeno hospital na cidade de porto franco às margens do rio tocantins antes de se juntar aos companheiros no araguaia e a de helenira resende procurada em todo país e jurada de morte pelo delegado paulista sérgio paranhos fleury

helenira codinome fátima era chamada carinhosamente de preta pelos amigos foi presa no congresso de ibiúna em 1968 após ser libertada retomou sua militância e se elegeu vice-presidenta da união nacional dos estudantes perseguida perseguida perseguida juntou-se às forças guerrilheiras do araguaia onde gostava de fazer saraus de poesia e música ao redor da fogueira

um dia confidenciou a joão amazonas
— *Meu sonho é ser crítica de arte depois da vitória da revolução.*

fátima
fátima
fátima
       a guerrilheira que gostava de recitar
                 de recitar
                 de recitar

fátima a guerrilheira que gostava de recitar com outras companheiras cantos do poema *"I-Juca-Pirama"* de gonçalves dias

Meu canto de morte,
Guerreiros, ouvi:
Sou filho das selvas,
Nas selvas cresci;
Guerreiros, descendo
Da tribo Tupi.

Da tribo pujante,
Que agora anda errante
Por fado inconstante,
Guerreiros, nasci:
Sou bravo, sou forte,
Sou filho do Norte;
Meu canto de morte,
Guerreiros, ouvi.

[...]

Andei longes terras,
Lidei cruas guerras,
Vaguei pelas serras
Dos vis Aimorés;
Vi lutas de bravos,
Vi fortes — escravos!
De estranhos ignavos
Calcados aos pés.

E os campos talados,
E os arcos quebrados,
E os piagas coitados
Sem seus maracás;
E os meigos cantores,
Servindo a senhores,
Que vinham traidores,
Com mostras de paz.

"*I-Juca-Pirama*" significa em língua tupi "aquele que deve morrer"

aquele que há de ser morto
aquele que há de ser morto
aquele que há de ser morto

o corpo do doutor juca foi crivado de balas de metralhadora e exposto ao público pelos militares

diante do caixão a população desfilou sua dor e chorou a perda do seu médico-amigo quando eu completei onze anos chegou em bodocó o primeiro médico a se dedicar inteiramente à nossa comunidade tinha por volta dos quarenta anos e permaneceu conosco por um tempo era dedicado e amado não cobrava de quem não podia pagar não sabíamos sua origem não tinha mulher ou filhos e ali não constituiu família de casa em casa o franciscano alto de olhos claros meu pai dizia — *este rapaz é misterioso e tem um olhar triste.* quem é ele de onde ele vem partiu como chegou envolto numa brisa de ternura

os pais perpetuam sua passagem nos registros dos meninos nascidos naquele tempo

    vanderlan   vanderlan   vanderlan

o médico alto de olhar melancólico que acolheu a aflição dos moradores de nossa cidade

Assim o Timbira, coberto de glória,
Guardava a memória
Do moço guerreiro, do velho Tupi.
E à noite nas tabas, se alguém duvidava
Do que ele contava,
Tornava prudente: "Meninos, eu vi!".

o corpo do doutor juca o corpo do doutor
juca o corpo do doutor juca

a encenação macabra

não funcionou
não funcionou
não funcionou

os pobres acenaram acenaram acenaram

acenaram
        acenaram
                acenaram

e cuspiram sua perda diante dos coturnos

QUARTO CANTO

em 07 de janeiro de 1973 em pernambuco soledad barrett viedma é assassinada após ser presa e brutalmente torturada estava grávida do cabo anselmo que se infiltrou na VPR foi vista no instituto de medicina legal pela advogada mércia albuquerque com o feto aos pés
é assinado em paris o acordo de cessar fogo entre os estados unidos e o vietnã e inicia-se uma ditadura militar no uruguai
o general pinochet lidera o golpe contra o governo popular de salvador allende que resiste em armas no palácio de la moneda onde é assassinado junto aos seus companheiros
marlon brando recusa o oscar de melhor ator pela sua atuação no filme o poderoso chefão em protesto contra o tratamento cruel dado aos indígenas
morre tarsila do amaral aos 86 anos e também o poeta pablo neruda sob suspeita de morte matada josué de castro fenece entristecido em paris após amargar nove anos de exílio e víctor jara é executado no estádio nacional do chile pelas forças ditatoriais suas mãos foram esmagadas a coronhadas nas sessões de tortura
éder jofre foi campeão mundial de boxe peso-pena e havia prometido apor as luvas no túmulo da mãe que morrera em 1971 coagido pelos ditadores entregou a luva direita ao presidente médici e posou junto com ele para o noticiário nacional
no sete de setembro eu desfilei ao lado de minhas

colegas com vestimenta completa de time de basquete
e bola na mão sem nunca termos tido aula desta mo-
dalidade esportiva
a calça boca de sino é o maior sucesso do momento o
pink floyd lança *the dark side of the moon*

caetano veloso lança *araçá azul* seu primeiro traba-
lho pós-exílio o LP é realizado em uma semana no es-
túdio eldorado contando apenas com a presença de
um técnico de som as composições se embrenham por
experimentos e invenções vômito de versos concretos
para um brasil anestesiado e longe da antropofagia

de palavra em palavra o poeta urra grunhe sussurra
                        grita em silêncio de som
grita em silêncio de sol   grita em silêncio de só

o poeta se expande para além da voz
                  para além da imagem
                  para além do imaginário

brada para um brasil mudo e em estado de bruma

sussurrasussurrasussurrasussurrasussurrasussurra
                                  a palavra dura
                              a palavra não dita
                        a palavra interditada

operação sucuri
operação sucuri
operação sucuri

sucuri do tupi suú-curi morde depressa

morde depressa
morde depressa
morde depressa

também conhecida como sucuriúba boiaçu boiçu boiuna sucururiju sucurijuba sucuriú sucuruju sucurujuba boitiapoia argboia ou anaconda não é venenosa e mata suas vítimas por constrição

sucuri uma das maiores serpentes do mundo de coloração marrom verde ou olivácea

pega o lavrador
pega o lavrador
pega o lavrador

pega o castanheiro
pega o castanheiro
pega o castanheiro

tem o curió tem o curió tem o curió

quem são os paulistas
quem são os paulistas
quem são os paulistas

tem o curió tem o curió tem o curió

vigia o padre
vigia o padre
vigia o padre   cerca o índio
         cerca o índio
prende a freira   cerca o índio
prende a freira
prende a freira

tem o curió tem o curió tem o curió

pega o terrorista
pega o terrorista
pega o terrorista

eram guerrilheiros eram guerrilheiros eram guerrilheiros eram

capturados
capturados
capturados

Curió — Pássaro muito comum no Brasil, também conhecido pelos nomes de avinhado, bico-de-furo e papa-arroz, que mede cerca de 15 cm.

pega o apoio
pega o apoio
pega o apoio

pega a referência
pega a referência
pega a referência

tem o curió tem o curió tem o curió

subjuga o índio
subjuga o índio
subjuga o índio

vigia o barqueiro
vigia o barqueiro
vigia o barqueiro

o chão é a moeda o chão é a moeda o chão é a moeda o sonho o chão o cão o sonho o sonho a moeda

olha o afogamento
olha o afogamento
olha o afogamento

tem a casa azul

olha o pau de arara
olha o pau de arara
olha o pau de arara

tem a casa azul

olha o choque elétrico
olha o choque elétrico
olha o choque elétrico

tem a casa azul

olha o cipó de imbira
olha o cipó de imbira
olha o cipó de imbira

tem a casa azul

olha a pimentinha
olha a pimentinha
olha a pimentinha

tem a casa azul

olha a cadeira do dragão
cadeira do dragão
do dragão

o fogo do dragão queima e some
com o corpo com o corpo com a
alma com a alma para não deixar
rastros

some com o corpo
some com a alma
some com o corpo

o regimento de cavalaria de guarda
nominado como dragões da independência realiza o cerimonial
representativo em brasília perfilando-se para o presidente subir e
descer a rampa do planalto central

perfilando-se para o ditador
perfilando-se para o ditador
perfilando-se para o ditador

operação sucuri
operação sucuri
operação sucuri

desta vez disfarçados
desta vez disfarçados
desta vez disfarçados

infiltrados
infiltrados
infiltrados

vestidos de civis de civis vestidos
vestidos
vestidos
vestidos
vestidos com o vento da morte

pega o camponês
pega o camponês
pega o camponês

tem o mateiro
tem o mateiro
tem o mateiro

pega o barqueiro
pega o barqueiro
pega o barqueiro

o tenente sebastião rodrigues de moura vulgo curió
passeava no fim de semana montado numa lancha
voadora e recolhia os relatórios

mapearam
mapearam
mapearam

catalogaram
catalogaram
catalogaram

o plano de informação sucuri continha nomes idades
e até fotos dos guerrilheiros embrenhados na mata

sem deixar rastros
sem deixar rastros
sem deixar rastros

sem inquérito policial
sem denúncia formal
sem sentença judicial

estava instalado o tribunal de execução

o tribunal de execução
        o tribunal de execução
o tribunal de execução

moradores lavradores castanheiros barqueiros pequenos comerciantes freiras padres indígenas
presos presos presos
e
e
e
torturados
torturados
torturados

os indígenas suruís subjugados pelos militares viraram rastreadores enquanto na aldeia cercada as crianças não brincavam o fogo continuava apagado suas mulheres eram estupradas e não mais se ouviam as canções de inverno ou de verão

a caçada humana
a caçada humana
a caçada humana

quinze mil homens quinze mil homens quinze mil
homens quinze mil homens

estradas são construídas
estradas são construídas
estradas são construídas

estradas operacionais são construídas mata adentro
mata adentro mata adentro

mata
mata
mata

mata adentro para dar mobilidade ao contingente
militar e isolar os guerrilheiros

a terra indígena é varada em várias em vários vieses
varada varada pelas vozes dos vilões posses são esbu-
lhadas posseiros são expulsos lavouras são destruídas
casas são queimadas

casas são queimadas
casas são queimadas
casas são queimadas

chegou um tempo em que no perímetro conflagrado poucos homens estavam soltos e as mulheres e crianças sem lavouras colheita casa ou castanhal espiavam a fome que invadiu a mata

invadiu a mata
    invadiu a mata
invadiu a mata

mil moradores presos mil moradores presos mil moradores presos

a caçada humana
a caçada humana
a caçada humana

o camponês mundico não escutava e não podia oferecer denúncia
foi espancado
        espancado
                espancado
até beirar a porta do céu

cinquenta homens no buraco cinquenta homens no buraco cinquenta homens no buraco

olha o cipó de mororó
olha o cipó de mororó
olha o cipó de mororó

cinquenta homens no buraco cinquenta homens no
buraco cinquenta homens no buraco

a formiga no mel
a formiga no mel
a formiga no mel

o mel na pele
a pele no mel
o mel na pele

a pele na boca da formiga

as mulheres que não foram presas padeciam de fome
com suas crianças padeciam ao sol e ao sereno

a caçada humana
a caçada humana
a caçada humana

diga do vizinho diga do vizinho diga do vizinho

cadê a professora cadê a professora cadê a professora

cadê a parteira cadê a parteira cadê a parteira

cadê os paulistas cadê os paulistas cadê os paulistas

diga do vizinho diga do vizinho diga do vizinho

o que o padre diz
o que o padre diz
o que o padre diz

quem são os comunistas quem são os comunistas quem são os comunistas

a caçada humana
a caçada humana
a caçada humana

queima o castanhal queima o castanhal queima o castanhal

destrói a lavoura destrói a lavoura destrói a lavoura
toca fogo na casa toca fogo na casa toca fogo na casa
queima o bananal queima o bananal queima o bananal

a caçada humana
a caçada humana
a caçada humana

diga dos meninos dos meninos dos meninos da mata

outubro foi um mês crucial para a guerrilha e nele
lúcia maria de souza a sônia morreu no front
                              no front
                              no front
sônia
sônia
sônia

a parteira estimada pelos moradores a jovem pobre
que abandonou o curso de medicina para se juntar
aos companheiros no araguaia

sônia
sônia
sônia

a moça que gostava de música clássica e estudava até
tarde da noite sob a luz do lampião

sônia
sônia
sônia

a militante que sabia descampar a mata para montar
roçado e fazer acampamento

sônia
sônia
sônia

a guerrilheira do destacamento A emboscada por uma patrulha militar quando parou para lavar os pés num regato

lavar os pés no regato
lavar os pés no regato
lavar os pés no regato

sônia foi ferida e caiu por cima do revólver ao perguntarem qual o seu nome respondeu — *guerrilheira não tem nome, seu filho da puta, eu luto pela liberdade!*

sônia
sônia
sônia

sacou o revólver atirou e feriu dois oficiais sônia sônia sônia sem botas e de pés banhados foi metralhada próxima ao regato

a caçada humana
a caçada humana
a caçada humana

queima o roçado
queima o roçado
queima o roçado

pega o camponês
pega o camponês
pega o camponês

queima a palhoça
queima a palhoça
queima a palhoça

a caçada humana
a caçada humana
a caçada humana

corta a cabeça
corta a cabeça
corta a cabeça

pendura o corpo na árvore
pendura o corpo na árvore
pendura o corpo na árvore

pendura o corpo na árvore pelos pés e sem cabeça

sem cabeça
sem cabeça
sem cabeça

a caçada humana
a caçada humana
a caçada humana

é para degolar
é para degolar
é para degolar

tem que fotografar
tem que fotografar
tem que fotografar

abateram o comandante em chefe

o comandante
o comandante da guerrilha

abateram

numa emboscada
era uma emboscada
a emboscada

natal não é dia para morrer natal não é dia para morrer não é dia para d e s a p a r e c e r

era para partilhar
era para partilhar
era para partilhar

a ceia foi a saraivada de balas a ceia foi a saraivada de balas a ceia as balas a ceia a ceia as balas

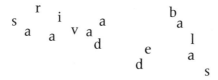

era para partilhar no ponto marcado as orientações para enfrentamento à segunda campanha

resistir
resistir
resistir

o comando militar da guerrilha foi acossado e enfrentou os inimigos com arma na mão

combateram   combateram
                 combateram

morreram lutando com os velhos e parcos fuzis com
as velhas espingardas 16 com os velhos 38 e as poucas
balas existentes

    as poucas balas existentes balas existentes
    as poucas balas existentes balas existentes
                  balas existentes
                        existentes
                            entes
                            entes
                            entes

o inimigo atacou antes dos assaltos aos postos militares antes das ações de fustigamento antes das tomadas de quarteis

antes
antes
antes

da resistência ser sabida brasil afora e mundo adentro

antes
antes
antes

do apoio e a solidariedade externa chegar

as bombas incendiárias as bombas incendiárias

napalm
napalm
napalm

na mata as bombas na mata na mata as bombas as bombas na mata as bombas as bombas

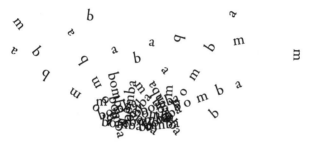

os algozes do vietnã chegaram aqui os algozes chegaram o vietnã era aqui o vietnã com seus buracos na mata e suas bombas incendiárias na selva

os militares iniciaram o combate no araguaia e os guerrilheiros resistiram resistiram resistiram

os helicópteros sobrevoavam os helicópteros sobrevoavam os helicópteros sobrevoavam

sobrevoavam o local da tocaia do comando militar
                                  do comando militar
                                  do comando militar

    abel
        freitas
            chico
                velho
                    mário
                        maurício

maurício
maurício
maurício

maurício grabois múltiplos nomes para quem resistiu e precisou despistar as forças da repressão dos ditadores do século vinte

das armas à tribuna
da tribuna às armas
das armas à tribuna

revolucionário sempre como sempre é a luta dos que empunham flor dos que empunham pão dos que empunham o sopro do vento em manhãs de inverno

intentou
intentou
intentou

intentou contra a ditadura do estado novo e intentou
contra o golpe militar de 1964

intentou
intentou
intentou

coletivamente

se pôs como um rapaz para a dura prova na selva se
pôs novamente em punhos se pôs em proa contra a
repressão se pôs a postos para prantear os oprimidos

de família judia vinda da ucrânia fugida dos progoms
passaram pela argentina passaram pelo pará passaram
pelo recife e fixaram vida na bahia onde maurício
                                                                  nasceu
          nasceu   nasceu
                      nasceu
          nasceu   nasceu

um comunista
    um comunista
        um comunista

morto sob o signo da bravura

naquele dia 25 de dezembro de 1973 paulo roberto
pereira marques o amauri   luzia augusta garlippe a
tuca   daniel ribeiro callado o doca   josé humberto
bronca o ruivo   gilberto olímpio maria o pedro
antônio teodoro de castro o raul   dinaelza santana
coqueiro a mariadina   guilherme gomes lund o luiz
líbero giancarlo castiglia o joca   paulo mendes
rodrigues o paulo   cilon da cunha brun o comprido
josé lima piauhy o ivo   vandick reidner coqueiro o
joão   valquiria afonso costa a valk   maurício grabois
o mário
desapareceram
                desapareceram
                              desapareceram

os que ousaram subverter a ordem a ordem a ordem
      a ordem
a ordem
      a ordem do caos

alguns mortos no campo de batalha outros presos
torturados e posteriormente executados

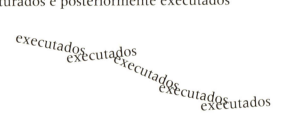

corpos insepultos
corpos insepultos
corpos insepultos

catorze corpos insepultos
corpos insepultos
insepultos

os subversivos
os subversivos
os subversivos

quando eu era criança gostava de escutar por trás das portas lá em casa não podíamos saber de nada tudo era conversa de adulto tudo era interditado a nós restava brincar no campo correr na estrada molhar os pés no açude tanger as ovelhas contar andorinhas abraçar o vento

um dia ouvi minha mãe contando a minha tia que meu irmão poderia ter sido preso acusado de ser subversivo

subversivo
subversivo
subversivo

nunca mais eu esqueci esta palavra

QUINTO CANTO

no dia 25 de abril de 1974 dá-se início à revolução dos cravos que derrubou a ditadura salazarista cinco dias depois álvaro cunhal líder do partido comunista português volta do exílio para sua pátria
em 13 de maio no diário de lisboa é publicado o manifesto do movimento de ação dos homossexuais revolucionários com reação violenta por parte de militares do conselho da revolução
ernesto geisel assume a presidência do brasil continua a campanha pública contra os subversivos e nos bastidores se compromete a continuar o extermínio dos comunistas
morre na argentina juan domingo perón e no mesmo dia a sua mulher isabel perón assume torna-se a primeira mulher a comandar os destinos daquele país
no brasil o poeta solano trindade se encanta e fernando santa cruz militante da ação popular AP é preso pelas forças de repressão no rio de janeiro sua mãe dona elzita passa a buscar perseverantemente o filho desaparecido
em minha casa eu flagro um cochicho entre meus pais falando de um tal miguel arraes que tinha sido o único governador bom para o povo
chico buarque lança o álbum *sinal fechado* interpretando composições de amigos para driblar a ditadura e assina pela primeira vez uma das faixas do disco com o pseudônimo julinho da adelaide na canção "acorda, amor"

Acorda, amor
Eu tive um pesadelo agora
Sonhei que tinha gente lá fora
Batendo no portão, que aflição
Era a dura, numa muito escura viatura

Se eu demorar uns meses
Convém, às vezes, você sofrer
Mas depois de um ano eu não vindo
Ponha a roupa de domingo
E pode me esquecer

Acorda, amor
Que o bicho é brabo e não sossega
Se você corre o bicho pega
Se fica não sei não

operação marajoara
operação marajoara
operação marajoara

a última investida a última investida a última investida

outubro de mil novecentos e setenta e três a outubro
de mil novecentos e setenta e quatro

aniquilar
aniquilar
aniquilar

novos quartéis em marabá imperatriz itaituba
altamira e humaitá

cinco quartéis
cinco quartéis
cinco quartéis

vinte mil homens vinte mil homens vinte mil homens

    tem
    tem
    tem

SOLDADOS

tem estradas operacionais agora tem estradas operacionais agora tem

cortando a mata cortando a aldeia cortando o campo
de batalha

tem aeroporto tem aeroporto agora tem aeroporto
tem

tem avião
tem avião
tem avião

tem helicóptero toda hora tem helicóptero toda hora
tem agora

    tem
    tem
    tem

tem o dedo duro
    dedo duro
        duro
            tem o bate-pau
                o bate-pau
                    bate
                    bate

tem o bate-pau
tem o bate-pau
tem o bate-pau

bomba granada e fuzil bomba granada e fuzil
tem
tem
tem
tem o comando o comando
o comando montado na casa de telhado azul

tem a casa de telhado azul
tem a casa de telhado azul
tem a casa do telhado azul

tem
tem
tem

a casa na cidade de marabá na cidade de marabá a casa
a casa a casa a casa de telhado azul

na cidade de marabá tem concentração de presos

de presos
de presos
de presos

de presos prestes a morrer
presos
      prestes
           a partir

na cidade de xambioá
na cidade de xambioá
na cidade de xambioá

presos prestes a partir

o rastreador
      o rastreador
           o rastreador

os suruís que não sabiam nada daquela guerra suruís que queriam sua terra a terra que queriam coletar para todos

todos todos todos que queriam a terra a terra a terra a terra que era a terra para todos

a terra é a moeda de troca a terra é a moeda de troca a terra demarcada é a moeda de troca

o ódio é a moeda de troca o ódio é a moeda de troca ódio é moeda moeda de troca

vinte mil moradores vinte mil moradores vinte mil
moradores

quantos suruís tinham na aldeia quantos suruís
na aldeia quantos

os guerrilheiros
as guerrilheiras
os guerrilheiros

vinte mil moradores vinte mil moradores vinte mil
moradores em toda a área conflagrada

o sonho da terra dividida da terra dividida da terra

               d i v i d i d a

a terra semeada
    a terra semeada
        a terra semeada

se me a da
    a terra ser
        ser
        ser

a terra meada pelos militares da inteligência

o sangue eivado eivado eivado e velado pelas moscas o
sangue maculado maculado maculado pela dor desne-
cessária o sangue desvanecido
    desvanecido
    desvanecido

as guerrilheiras
os guerrilheiros
as guerrilheiras

o sangue cultivado
o sangue cultivado
o sangue cultivado

o sangue que seguiu o fio dos anos em outros corpos
que empunhavam a mesma vontade

    vontade
    vontade
    vontade

de liberdade e bonança de liberdade
e
bonança
de liberdade
bonança
e

o sangue dos sem-terra em carajás
o sangue dos sem-terra em carajás
o sangue dos sem-terra em carajás

el dourado do carajás onde 21 descendentes da luta morreram quase todos assassinados à queima-roupa pela polícia paga pelos fazendeiros-grileiros das terras da região de curionópolis a cidade do major curió um dos algozes do araguaia o mandante do garimpo de serra pelada metralhadoras fuzis e revólveres contra pau e pedra contra o instrumento de trabalho

a foice
a foice
a foice

o instrumento de trabalho

trinta anos depois de osvaldão chegar naquelas plagas os camponeses foram novamente executados no massacre de el dourado do carajás

executados
executados
executados

executados como executados foram camponeses guerrilheiros e guerrilheiras do araguaia não bastava matar não bastava matar a ordem era aniquilar aniquilar aniquilar

torturar
torturar
torturar

o marido de maria perdeu a mente e nunca mais disse coisa com coisa
                              coisa
   com
              coisa
coisa
     com coisa
                    coisa com coisa

o filho de joana urina nas calças toda vez que ouve um barulho no céu

um barulho no céu
    um barulho no céu
um barulho no céu

o irmão de severina nunca mais foi homem

nunca mais foi homem
      nunca mais foi homem
nunca mais foi homem

o cunhado de isabel amoleceu os braços e não pode
mais ir ao roçado

      não pode mais ir ao roçado
      não pode mais ir ao roçado
não pode mais ir ao roçado

sebastiana canta na estrada sozinha sebastiana canta
na estrada sozinha sebastiana canta na estrada sozinha
                                      sozinha
                                      sozinha

quinze arroubas de couro a roça a casa tocaram fogo
em tudo preso preso preso a mulher com catorze
dias de resguardo arruinou do juízo de tanto passar
privação

raimunda e sua filha ana nunca mais foram mulher
nunca mais foram mulher nunca mais foram mulher

30 homens na fila
30 homens na fila
30 homens na fila

raimunda e ana vagueiam rio acima e rio abaixo rio
acima e rio abaixo

30 homens na fila
30 homens na fila
30 homens na fila

eram altos
os suruís eram altos
agora têm suruís de baixa estatura
com olhos e tez variadas

a palavra marabá tem origem indígena e significa filho
do estrangeiro filho de índia com francês filho de índia
com branco

mestiço mestiço mestiço mestiço mestiço mestiço

os suruís eram altos os suruís eram

altos altos altos antes dos militares chegarem

                              fuzil fal
                              fuzil fal
                              fuzil fal

espingarda 20
espingarda 20
espingarda 20

                              fuzil fal
                              fuzil fal
                              fuzil fal

espingarda 16 de 2 canos
espingarda 16 de 2 canos
espingarda 16 de 2 canos

                              metralhadoras
                              metralhadoras
                              metralhadoras

rifle 44
rifle 44
rifle 44

                              fuzil fal
                              fuzil fal
                              fuzil fal

uma submetralhadora ina

                                              metralhadoras
                                              metralhadoras
                                              metralhadoras

uma submetralhadora royal

                                              metralhadoras
                                              metralhadoras
                                              metralhadoras

metralhadora artesanal

                                              metralhadoras
                                              metralhadoras
                                              metralhadoras

carabina 22
carabina 22

                                                        fuzil fal
                                                        fuzil fal
                                                        fuzil fal

40 balas para cada revólver 38
40 balas para cada revólver 38
40 balas para cada revólver 38

traga o bico do papagaio traga o bico do papagaio o
papagaio o bico

cortar
cortar a cabeça
cortar

tem que cortar a mão tem que cortar a mão tem que
cortar a mão

a impressão digital
a impressão digital
a impressão digital

operação marajoara
operação marajoara
operação marajoara

dessa vez não eram só recrutas que choravam na boleia do caminhão agora a tropa era especializada em combate na selva

em quatro de novembro de mil novecentos e sessenta e nove o comunista carlos marighella é executado em são paulo pelos agentes do Dops em uma ação coordenada pelo delegado fleury um dos mais cruéis agentes da ditadura neste mesmo ano o meu irmão absolom estudante de veterinária da universidade rural de pernambuco o primeiro da nossa família a ter acesso a universidade foi posto numa lista de estudantes a serem cassados sob a acusação de ter participado de uma greve estudantil e de ter atentado contra a cavalaria jogando bolas de gude aos pés dos cavalos

papai um homem do campo que cursou a primeira série sabia fazer contas ler bem e escrever pouco conseguiu convencer o delegado da comarca a declarar a idoneidade do filho e ainda acrescentar que este não era subversivo

hermínio saiu de bodocó pilotando um jeep willys varando a distância de 649,7 km parte do percurso em estrada de barro para apresentar no recife os documentos que livrariam o irmão

em casa nós acompanhamos sem entender nada a aflição os suspiros e os olhos lacrimejantes de mamãe que só sossegava nas ladainhas tiradas por toda a família e quando rezava a novena para nossa senhora do perpétuo socorro ajoelhada em um cantinho do quarto no mais profundo silêncio

a arma era uma bola de gude

a civilização marajoara era sofisticada e complexa ocupava parte do território brasileiro onde hoje se encontra o estado do amazonas faz parte da era pré-colombiana a exemplo dos incas maias e astecas apesar de terem desaparecido sua cultura perdura nos costumes dos povos locais

desapareceram
desapareceram
desapareceram

Marajoara é relativo à Ilha de Marajó — Mibaraió em tupi — o anteparo do mar

tapamar
apamar
marpar
patamar

Anteparo — substantivo masculino — 1. Ação ou efeito de anteparar-se; 2. Parada antecipada; interrupção, suspensão; 3. Parada repentina;

a mata não viu o mar
o mar não viu a mata

operação marajoara
operação marajoara
operação marajoara

comando direto de brasília
direto de brasília
brasília

a operação marajoara interrompeu a vida antecipou a morte e suspendeu a esperança de um dia a terra ser chão

perto do final de novembro o comando militar da guerrilha indagou se alguém queria abandonar a luta *Caso alguém se sentisse abalado e não mais quisesse continuar, poderia dizer. O comando autorizaria a saída. Mas ninguém manifestou desejo de sair.*

ninguém quis sair ninguém quis sair ninguém quis

à luta à luta à luta

operação marajoara

sem prisioneiros sem prisioneiros sem prisioneiros
sem

na gruta de angicos as cabeças de lampião maria
bonita e de todo o bando foram cortadas e expostas
por anos em todo o brasil

para servir de exemplo
para servir de exemplo
para servir de exemplo

o beato antônio conselheiro morto na quarta expedição da guerra de canudos teve o corpo enterrado naquele torrão enquanto sua cabeça foi cortada e levada para servir de estudos em salvador

para servir de estudo
para servir de estudo
para servir de estudo

zumbi o último dos líderes do quilombo dos palmares teve a cabeça cortada salgada e levada para o recife onde foi exposta em praça pública no pátio de nossa senhora do carmo

para servir de exemplo
para servir de exemplo
para servir de exemplo

osvaldão ou mineirão assim chamado pelos moradores da região era conhecedor da área conflagrada chegou como garimpeiro e mariscador depois armou casa numa posse onde recebeu outros companheiros pessoa boa e de boa pontaria comandante do destacamento B onde travou e venceu vários combates estava no topo da lista de execução prioritária dos agentes da ditadura

já no final da guerrilha foi traído por uma referência
e morreu em combate

teve a cabeça cortada e o corpo pendurado de cabeça para baixo no esqui do helicóptero que sobrevoou a mata o dia todo em voos rasantes

               voos rasantes
voos rasantes   voos rasantes

a cabeça de osvaldão não foi exposta nos centros urbanos brasileiros da década de 70 pois a ditadura militar precisava dizer da inexistência do conflito

da inexistência da guerrilha
da inexistência das pessoas
da inexistência dos corpos

desaparecidos desaparecidas desaparecides

osvaldão nascido nas terras das gerais o guerrilheiro
negro de quase dois metros de altura campeão carioca de boxe um homem meigo
meigo
meigo

único como único é o instante milimetricamente vivido antes da morte

xambioá em tupi quer dizer pássaro preto veloz

pássaro preto veloz
pássaro preto veloz
pássaro preto veloz

a voz pássaro pousou e perdurou pelas pedras pelas passagens pelas paragens

o pássaro preto veloz recolhido pelo pássaro metálico pousou no pesadelo dos desprovidos de perdão

os desprovidos de palavra não perceberam que o pássaro preto veloz perduraria pairando na pálpebra do povo

o povo daquelas paragens não esqueceu do pássaro preto veloz e perpetuou o combate pela terra

arlindo valadão conhecido como ari acadêmico do instituto de física da Uerj foi morto em combate e decapitado pelas forças armadas seu corpo seu corpo seu corpo sem a cabeça sem a cabeça sem a cabeça foi encontrado pelos guerrilheiros

áurea elisa pereira valadão sua companheira não pôde acariciar seus cabelos na hora da partida

seus cabelos
seus cabelos
seus cabelos

elisa era estudante de física e membro do diretório acadêmico de sua faculdade chegou ao araguaia com seu companheiro residiu na região do caiano onde montou uma escola para alfabetizar as crianças guerreou no destacamento c e está desaparecida desde mil novecentos e setenta e quatro

desaparecida
desaparecida
desaparecida

suely yumiko kanayama codinome chica foi uma das
últimas a chegar baixinha e magrinha foi motivo de
preocupação dos companheiros que temiam por sua
segurança e subsistência

a menina franzina aprendeu ligeiro a trabalhar como
lavradora e a andar na mata com sua mochila de 20 kg
nas costas

no último ano da campanha foi cercada por uma tropa do exército não aceitara a rendição fora metralhada por mais de 100 balas de grosso calibre

correm histórias correm histórias correm

ao ser cercada pelo exército deu um tiro no peito para
não ser pega viva pelo inimigo

hara-kiri   hara-kiri   hara-kiri

a dor de ser pega viva não valia a pena ser vivida
ser vivida a dor de ser pega viva
a dor de ser pega viva
a dor viva

chica a menina sem fotografia no quadro de desaparecidos
        desaparecida desaparecida desaparecida

antônio alfredo de lima nascido no pará posseiro no
município de são joão do araguaia executado no
dia 14 de outubro de 1973 em local próximo ao seu
roçado

ameaçado por grileiros para deixar a sua posse resistiu
resistiu
resistiu
coletivamente   coletivamente   coletivamente

resistiram
resistiram
resistiram

armaram piquetes montaram vigílias e tocaias

vigílias
vigílias
vigílias

e a terra intimada não foi entregue ao esbulho
não foi entregue
não foi entregue

vivia com a mulher e os três filhos que foram presos
e torturados no início da terceira campanha de cerco
e aniquilamento das forças guerrilheiras pelas forças
armadas

aderiu à guerrilha aprendeu a ler e a escrever em pou-
co tempo e sonhava
      e sonhava
      e sonhava
e falava e contava e dizia e repetia *a exploração vai aca-
bar, o cativeiro terá fim.*

josé lourival paulino alfredo joaquinzão carretel fre-
derico luizão luizinho camponeses-guerrilheiros sem
fotografias para apresentar suas existências

josé
alfredo
joaquinzão
carretel
frederico
luizão
luizinho

camponeses guerrilheiros camponeses guerrilheiros
guerrilheiros

joca gostava de ouvir música clássica no rádio edinho
sabia tocar piano e na mata passou a tocar flauta rústica josé carlos gostava de desenhar cartuns amauri tocava no violão as canções que ele mesmo compunha mundico gostava de fazer cordéis

rosalindo de souza codinome mundico e o cordel
com os 27 pontos defendidos pelos guerrilheiros
defendidos
pelos guerrilheiros
defendidos
o cordel
o cordel
o cordel recitado pelos camponeses

até hoje moradores do araguaia recitam estrofes do romance da libertação

o romance da libertação o romance da libertação
o romance da libertação

de um guerrilheiro que escrevia romance de cordel
romance de cordel
romance de cordel

ângelo arroyo diz no seu relatório que *Os hinos da guerrilha elaborados lá mesmo, eram cantados pela massa. Nas sessões de terecô se faziam cantorias de elogio à guerrilha.*

tambor da mata
tambor da mata
tambor da mata

encantaria
encantaria
encantaria

tambor de mina
tambor de mina
tambor de mina

terecô
terecô
terecô

os caboclos a mata o transe a cantoria os caboclos a mata o transe a guerrilha a cantoria dizem que a última a ser morta foi valquíria afonso costa a valk que era pedagoga e tocava acordeom acompanhada ao violão por seu companheiro idalísio soares aranha o aparício que cantava como ninguém eram queridos e muito apreciados pelos moradores de lá

a última a ser morta
a última a ser morta
a última a ser morta

presa torturada e executada pela operação marajoara
na terceira campanha de cerco e aniquilamento

cerco e aniquilamento
cerco e aniquilamento
cerco e aniquilamento

valk e elisa as viúvas temporárias do bico do papagaio
o espaço conflagrado da guerrilha do araguaia

as viúvas temporárias da guerrilha
as viúvas
as viúvas
as viúvas
as viúvas temporárias da guerrilha

25 de maio de 1970

Tereza querida,

Tenho pensado sempre como será bom quando nos encontrarmos. Teremos muito do que falar. Você contará os seus problemas, o que fez e o que pensa fazer. Eu gargantearei um pouco e direi algo sobre o que ando fazendo. Falaremos sobre teatro, cinema etc.
...
Passaremos uma parte do tempo conversando sobre o Marcelo. Como vai ele? Sinto um desejo enorme de vê-lo. E a você também, e talvez mais. A minha saudade é dupla e dolorida.
...
Recebi o seu bilhete. Achei um pouco pessimista. Por quê? Nada é definitivo.
...
Quanto ao Marcelo, cresceu muito? Dê um abraço nele e agradeça pelo desenho. Estava bacana.
...
Diga a ele que se eu pudesse estaria brincando a vida toda com ele. De esconder, e outras brincadeiras.
...
Li o Quixote. É fabuloso. Sinto remorsos por ter subestimado o livro aí. Você é um anjo. Eu gostei imenso por você tê-lo enviado. E você tem lido muito? Espero que sim.

...
Tereza, eu vou ficar por aqui. Não seria justo mandar um volume grande. Coisas para dizer nós temos, mas só pessoalmente.

...
Eu te quero muitíssimo
Gil

as viúvas
as viúvas
as viúvas

as viúvas definitivas da guerrilha

gilberto olímpio maria codinome pedro foi jornalista
do jornal a classe operária e entrou na clandestinidade
após o golpe militar de 1964 chegou cedo ao araguaia
e foi morar na região do caiano fazia parte do comando militar e desapareceu no natal de 1973 costumava
escrever cartas para sua esposa vitória grabois nominada tereza e seu filho igor nominado marcelo

a guerrilha ia e vinha vinha e ia pelas mãos dos apoios
pelas mãos de elza pelas mãos de amazonas pelas mãos
de mário pelas mãos e ouvidos dos que faziam ponto

ponto a ponto a guerrilha ia e vinha

michéas gomes de almeida o zezinho nascido no pará
ainda vivo quando traço este poema um dos poucos
sobreviventes as três operações montadas pelas forças
armadas furou o cerco militar e guiou o companheiro
ângelo arroyo do araguaia ao piauí onde se separaram

operação marajoara
operação marajoara
operação marajoara

ângelo se conectou com os companheiros dirigentes
comunistas apresentou o relatório da guerrilha e foi
executado dois anos depois em uma reunião do partido no rio de janeiro em um episódio conhecido como
a chacina da lapa

o guerrilheiro procurado
o guerrilheiro procurado   executado
o guerrilheiro procurado

ângelo o operário metalúrgico militante do PCDOB desde 1945 que recebeu como tarefa trabalhar nas áreas
rurais de todo o país

o operário-camponês
o camponês-operário
o operário-camponês

zezinho o melhor mateiro da guerrilha um sobrevivente da selva fez treinamento militar e de capacitação política na república popular da china partiu do araguaia na segunda metade de 1974 e permaneceu clandestino por vinte e dois anos

clandestino
clandestino
clandestino

até sentir-se seguro para falar para falar para falar

Depois dessa missão, mergulhei noutra clandestinidade e perdi o contato com a realidade por longo tempo.

por um longo tempo os moradores do araguaia silenciaram

por um longo tempo não se soube das araras
                                                 das araras
                                                 das araras

silenciaram
silenciaram
silenciaram

silêncio inscrito nos arroios nas pedras nos matagais

silêncio
silêncio
silêncio

o mesmo silêncio imposto aos brasileiros impedidos pela coroa portuguesa de professar os heróis da inconfidência

joaquim josé da silva xavier o tiradentes levado a forca sob a acusação de liderar a conspiração separatista contra o domínio português teve seu corpo esquartejado sua cabeça e seus membros expostos em praça pública

... que na sua casa se despejasse sal para que nela jamais voltasse a brotar sequer um ramo...

sequer um ramo
sequer um ramo
sequer um ramo

operação limpeza
operação limpeza
operação limpeza

não basta combater torturar executar há que se aniquilar

aniquilar o corpo
aniquilar a alma
aniquilar o corpo

não basta aniquilar esconder apagar tem que inexistir

a operação limpeza inicia-se em 1975 com o intuito de não deixar rastro da guerrilha

rastro
rastro
rastro

a cova rasa
a cova rasa
a cova rasa

os despojos
os despojos
os despojos

exumados ilegalmente
exumados ilegalmente
exumados ilegalmente

os corpos que não tinham cabeça os corpos que não tinham mãos os corpos quebrados esmagados pela sucuri

sem mãos
sem cabeça
sem mãos

corpos massacrados
       massacrados
              massacrados

maculados maculados maculados sem margem para o abraço de despedida

desaparecidos
desaparecidas
desaparecidos

os corpos viraram cinzas na serra das andorinhas que hoje se chama serra dos martírios

serra dos martírios
serra dos martírios
serra dos martírios

os despojos viraram cinzas

operação limpeza
operação limpeza
operação limpeza

os corpos os corpos os corpos dos que não se encantaram e teimam em dizer da esperança e suas possibilidades de chuva

no ano de dois mil e dois o velho cid se encanta aos
noventa anos e deixa um bilhete pedindo para que
suas cinzas sejam espalhadas no araguaia para enfim
encontrar os companheiros que tombaram

as cinzas do velho guerrilheiro
as cinzas do velho guerrilheiro
as cinzas do velho guerrilheiro

as cinzas de joão se espraiaram em busca da liberdade
como as cinzas de joplin voaram voaram voaram em
busca de si mesma

araras vermelhas
araras vermelhas
araras vermelhas

as araras vermelhas pousaram no alto das copas do
arvoredo e de lá entoaram um canto

um canto
um canto
um canto

EPÍLOGO

invoco neste momento
a musa da cor vermelha
que se esvai em poesia
como se fosse centelha
trançando o laço de fita
contando a vida não dita
escrita em caco de telha

não é para olhar de esguelha
o sonho posto à mesa
a dor contida no outro
vivida na profundeza
do sangue daquele irmão
exposto na servidão
desta vida camponesa

a fome não tem defesa
e deixa um rastro maldito
de falta de esperança
sendo o seu maior delito
pois crava um punhal no mundo
e traz desgosto profundo
dando tristeza ao aflito

eis a razão do conflito
poucos são donos de tudo
e muitos não têm valia
faltando tudo ao miúdo
posto em escravidão
restando a rebelião
para não viver desnudo

neste cenário agudo
a luta se faz certeza
como caminho sem volta
de confronto à vileza
dos que ferem a justiça
e se afogam na cobiça
para concentrar riqueza

e foi com muita firmeza
que se montou a guerrilha
pensada como estratégia
do socialismo a trilha
buscando um tempo novo
com bonança para o povo
libertos de toda cilha

com essa esperança andarilha
coberta de juventude
a fé se embrenhou na mata
vestida de plenitude
portando o verso mais lindo
o raio do dia vindo
bem longe da finitude

12.02.22

Referências

As pesquisas foram realizadas entre 22 de janeiro e 12 de fevereiro de 2022.

p. 11: Mote de Lourival Batista.
p. 19: Disponível em: <www.fflch.usp.br/dlcv/tupi/vocabulario.htm>.
p. 37: Disponível em: <pt.wikipedia.org/wiki/Foto_de_Leila_Diniz_gr%C3%A1vida>.
pp. 38-9 e 46-7: Trechos de "Vapor Barato", de Jards Macalé e Waly Salomão (In: *Poesia total*, Waly Salomão. São Paulo: Companhia das Letras, 2014, p. 151).
p. 45: Hugo Studart, *A lei da selva: Estratégias, imaginário e discurso dos militares sobre a Guerrilha do Araguaia*. São Paulo: Geração Editorial, 2006.
p. 52: Poema "Canção das forças guerrilheiras do Araguaia", de autoria desconhecida, publicado no livro de Maurício Monteiro, *Guerrilha do Araguaia: Uma epopeia pela liberdade*. São Paulo: Anita Garibaldi, 2005.
p. 66: Augusto Buonicore. Disponível em: <www.facebook.com/pcdob65/posts/1652189518124584>.
pp. 67-8 e 70: Disponível em: <www.dominiopublico.gov.br/download/texto/bn000007.pdf>.
p. 77: Disponível em: <www.dicio.com.br/curio-2/146>.
p. 88: Disponível em: <jornalggn.com.br/historia/documentos-provam-politica-deliberada-de-assassinatos-na-ditadura-militar/>.
p. 102: Trechos de "Acorda, amor", de Leonel Paiva e Julinho da Adelaide (In: *Tantas palavras*, de Chico Buarque e Humberto Werneck. São Paulo: Companhia das Letras, 2006, pp. 215-6).
p. 117: Disponível em: <www.dicionariotupiguarani.com.br/dicionario/marajoara/>.

p. 117: *Dicionário Houaiss da língua portuguesa.*
p. 118: Maurício Monteiro, op. cit.
p. 121: Disponível em: <turismo.to.gov.br/regioes-turisticas/vale-dos-grandes-rios/principais-atrativos/xambioa/>.
pp. 125, 127, 129-30: Maurício Monteiro, op. cit.
p. 131: Trecho do prefácio de Adalberto Monteiro para o livro de Maurício Monteiro, ibid.

Fontes pesquisadas

FILMES

Araguaia: campo sagrado. Direção de Evandro Costa de Medeiros, 2010.
Araguaya: A conspiração do silêncio. Direção de Ronaldo Duque, 2004.
Osvaldão. Direção de Ana Petta, André Michiles, Fabio Bardella e Vandré Fernandes, 2015.
Camponeses do Araguaia: A Guerrilha vista por dentro. Direção de Vandré Fernandes, 2010.

LIVROS

Osvaldo Bertolino, *Guerrilha do Araguaia: Verdades, fatos e histórias.* Campinas: Apparte, 2021.
Romualdo Pessoa Campos Filho, *Guerrilha do Araguaia: A esquerda em armas.* São Paulo: Anita Garibaldi; Fundação Maurício Grabois, 2012.

ESTA OBRA FOI COMPOSTA PELO ACQUA ESTÚDIO EM MERIDIEN
E IMPRESSA PELA LIS GRÁFICA EM OFSETE SOBRE PAPEL PÓLEN BOLD
DA SUZANO S.A. PARA A EDITORA SCHWARCZ EM OUTUBRO DE 2022

A marca FSC® é a garantia de que a madeira utilizada na fabricação do papel deste livro provém de florestas que foram gerenciadas de maneira ambientalmente correta, socialmente justa e economicamente viável, além de outras fontes de origem controlada.